APPR

MW01101463

LE NOUVEL AN CHINOIS

David F. Marx

Texte français de Dominique Chichera

Éditions
SCHOLASTIC

Catalogage avant publication de Bibliothèque
et Archives Canada

Marx, David F.
Le Nouvel An chinois / David F. Marx;
texte français de Dominique Chichera.

(Apprentis lecteurs. Fêtes)
Traduction de : Chinese New Year.
Pour les 5-8 ans.
ISBN 978-0-545-99899-4

1. Nouvel An chinois--Ouvrages pour la jeunesse. I. Chichera,
Dominique II. Titre. III. Collection.

GT4905.M37314 2007   j394.261   C2007-903333-4

Conception graphique : Herman Adler Design
Recherche de photos : Caroline Anderson

La photo en page couverture montre des enfants qui célèbrent le Nouvel An chinois.

Édition publiée par les Éditions Scholastic,
604, rue King Ouest, Toronto (Ontario) M5V 1E1.

5 4 3 2 1   Imprimé au Canada   07 08 09 10 11

Ouvrez les portes et les fenêtres!
C'est le Nouvel An chinois!

La Chine est un immense pays d'Asie. Par rapport à l'Amérique du Nord, il est situé à l'autre bout du monde. La Chine célèbre sa propre fête du Nouvel An.

Février 2007

Dimanche	Lundi	Mardi	Mercredi	Jeudi	Vendredi	Samedi
				1	2	3
4	5	6	7	8	9	10
11	12	13	14	15	16	17
18	19	20	21	22	23	24
25	26	27	28			

Les festivités du Nouvel An
chinois se déroulent pendant
deux semaines, en janvier
ou en février.

Février 2008

Dimanche	Lundi	Mardi	Mercredi	Jeudi	Vendredi	Samedi
					1	2
3	4	5	6	7	8	9
10	11	12	13	14	15	16
17	18	19	20	21	22	23
24	25	26	27	28	29	

Avant la nouvelle année, les familles font le grand ménage de leur maison et la décorent de fleurs.

Une fleur qui éclôt dans la maison le jour de l'An est considérée comme un signe de chance.

Les célébrations commencent la veille du jour de l'An.

Les membres de la famille se réunissent pour partager un repas copieux.

Certaines familles laissent des places vides autour de la table. Ces places sont destinées aux membres de la famille qui ne peuvent pas partager le repas, soit parce qu'ils sont trop loin, soit parce qu'ils sont décédés.

À minuit, la veille du jour de l'An, les gens ouvrent les portes et les fenêtres pour laisser sortir l'année qui s'achève et accueillir la nouvelle année.

Ils allument aussi des pétards qui éclatent en faisant de grands « Boum! »

15

Le jour de l'An, de nombreux festivals se déroulent dans toutes les communautés chinoises.

On peut voir des groupes
de personnes qui portent
des costumes de dragon
et dansent dans les rues
de la ville.

Au cours de ces deux semaines de festivités, une journée est réservée aux femmes mariées. Elles retournent dans la maison où elles ont grandi pour rendre visite à leur famille.

Pendant la période du Nouvel An chinois, les gens passent beaucoup de temps à rendre visite à leurs amis.

Ils leur offrent en cadeau des oranges et des mandarines.

Pour le jour de l'An, on prépare des plateaux de fruits séchés comme celui-ci.

Les festivités du Nouvel An chinois s'achèvent avec la Fête des lanternes.

Les gens fabriquent les lanternes eux-mêmes.

Des feux d'artifice illuminent le ciel. Quelle merveilleuse façon d'accueillir la nouvelle année!

Les mots que tu connais

porte

dragon

festival

pétards

feux d'artifice

fleurs

lanterne

oranges

31

Index

Références photographiques